UNE ÉMIGRATION ARABE

DANS L'AFRIQUE DU NORD

entre l'époque de J.-C. et celle de Mahomet.

Par J. Janvier

I.

Parmi les mouvements de population qui se sont produits dans le nord de l'Afrique, il en est un dont les historiens modernes n'ont pas parlé, parce qu'ils le croyaient imaginaire; il s'agit d'une migration de tribus arabes assez nombreuses qui sont venues de Syrie en Afrique, entre l'époque de Jésus-Christ et celle de Mahomet.

L'hésitation des modernes se comprend : Au premier abord, on ne peut admettre que des nomades, aient pu traverser l'Egypte sans l'autorisation des Romains, et l'on ne voit pas de raison pour que ceux-ci l'aient permis. De plus, les récits qu'ont laissés sur cette émigration les historiens arabes, ont été si étrangement accouplés par eux à des légendes relatives aux premiers temps de l'histoire, que ces adjonctions singulières ont dérouté la critique contemporaine, et lui ont fait rejeter en bloc tout l'ensemble de ces narrations comme un amas d'erreurs ridicules et d'anachronismes révoltants.

Cette résolution des modernes a été trop précipitée et nous a caché des faits d'un intérêt véritable et de nature, croyons-nous, à modifier bien des opinions hâtives. Si l'on examine, en effet, avec attention, ces récits invraisemblables en leur ensemble, on y reconnait très-facile-

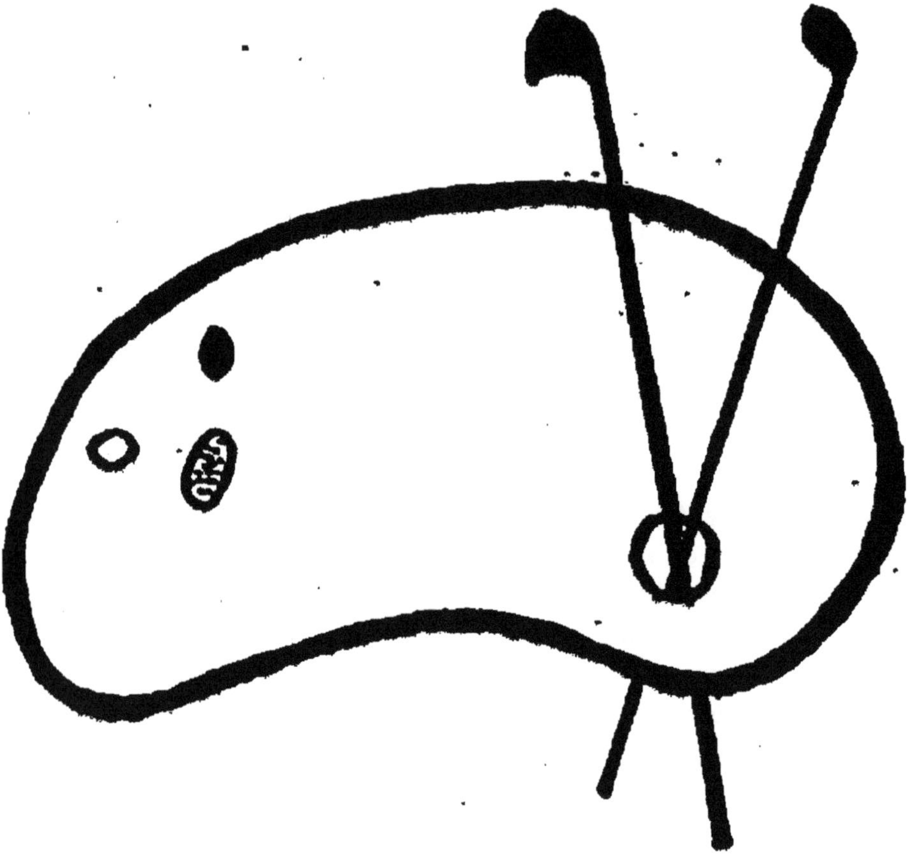

FIN D'UNE SERIE DE DOCUMENTS
EN COULEUR

À Monsieur Léopold Delisle
Témoignage de vive
reconnaissance

[illegible]

ment les traces d'une soudure, faite après coup, qui a réuni deux narrations d'ordre très-différent; et si l'on étudie ensuite ces deux parties séparément, on s'aperçoit vite que, si la première se rapporte au peuplement antique de l'Afrique du Nord, la deuxième, au contraire, a trait à l'époque romaine et à des faits encore présents dans la mémoire de ceux qui les racontaient. La réalité de ces derniers faits, d'ailleurs, se trouve, quand on les examine, avoir bien d'autres garants que la parole souvent menteuse des historiens arabes; on la voit presque partout confirmée par les historiens grecs et latins, contemporains de ces faits eux-mêmes, et les récits de ces écrivains servent même souvent à éclairer bien des détails laissés obscurs par les traditionistes indigènes.

La cause elle-même de cet accouplement des légendes antiques à des légendes nouvelles est, d'ailleurs, facile à reconnaître. Elle consiste dans une méprise faite au IIe siècle de l'hégire par Ben-el-Kelbi, sur le sens du mot *Berbères*. Ce savant, qui n'était pas allé en Afrique et ne pouvait s'éclairer des souvenirs locaux du pays, imagina, un jour, d'appliquer le nom de *Berbères* à l'ensemble des indigènes africains établis dans le pays avant l'invasion arabe, et son exemple fut aussitôt suivi par les autres écrivains musulmans. Il s'ensuivit que tous les récits qui jusque là avaient été faits sur les *Berbères*, par les soldats de la conquête, furent appliqués *à tous les indigènes* du Maghreb, et que les détails qu'on avait recueillis *sur l'arrivée des Berbères* en Afrique furent tout naturellement reportés *au peuplement primitif* de cette immense région. La plus légère attention aurait dû faire remarquer aux moins savants de ces écrivains que des récits où il était fait mention des Romains comme maîtres de l'Afrique, ne pouvaient s'appliquer aux temps de Josué ou de David. Mais la critique arabe n'a jamais pu s'élever jusque là.

II.

La vérité est que le nom de *Berbères*, dans les récits originaux de la conquête, n'avait pas du tout cette signification étendue et qu'il désignait seulement les nomades païens, nouvellement sortis de leurs déserts, à l'exclusion des habitants civilisés du Tell, sens précis que les conquérants arabes n'avaient fait, d'ailleurs, qu'emprunter aux Romains.

Sous l'Empire, en effet, l'Afrique était habitée par trois classes bien distinctes de population. — La première était formée par les agents du Gouvernement central, gouverneurs, magistrats, employés, intendants, généraux et soldats. Dans le langage usuel, c'était à cette classe d'individus qu'on réservait le nom de *Romains*.

Quant aux provinciaux, habitants sédentaires et à demeure du pays, on les appelait usuellement *Africains* : absolument comme nous appelons, dans la conversation, *Normands* et *Bourguignons*, les citoyens français nés et établis en Normandie ou en Bourgogne. Cette classe formait la grande masse des habitants ; en effet, elle ne se composait pas seulement des fils des colons romains, venus d'Europe, aux temps de César et d'Auguste, ni de la descendance des employés et des militaires, qui avaient pris leur retraite dans la province, ni même de cette nombreuse population phénicienne, que la victoire de Scipion avait laissée maîtresse paisible de ses ports maritimes et des villages de la Zeugitane ; tous ces éléments n'en formaient que la moindre partie. Le gros de cette classe avait pour ancêtres les anciens Libyens, habitants autochthones du pays, que Rome avait en Afrique transformés en Romains, comme elle l'a fait en Gaule de nos pères. A force de volonté, de soins, de temps, de persévérance, la maîtresse du monde se les était assimilés et leur avait fait adopter les lois, les usages, les mœurs, la langue, les intérêts et les sentiments de la métropole. Quelques groupes même, que leur habitat (désert ou montagne), avait empêchés d'accepter tout à fait la façon de vivre des Libyens romanisés du Tell, avaient pris à la civilisation romaine tout ce qui était compatible avec leur genre d'existence obligé, et notamment la religion officielle de l'Empire qui, dans les derniers temps, était le christianisme.

La 3e classe des habitants de l'Afrique se composait de ces hordes nomades et farouches qui promenaient leurs troupeaux sur les confins du Grand Désert et que l'Empire n'avait pas eu le temps ou la force de romaniser. La civilisation n'avait pas entamé ces sauvages que leur pauvreté et l'infertilité de leurs domaines condamnaient, d'ailleurs, à vivre de pillage et qui étaient dès lors les ennemis obligés des laboureurs romanisés du Tell.

La guerre, que ces nomades avaient faite de tous temps, sur les confins extrêmes de la Province, était devenue peu à peu dans les derniers moments, grâce à l'affaiblissement progressif du colosse romain, une guerre de conquête; et, lors de l'invasion arabe, ils avaient fini par se rendre maîtres de presque tout le pays ouvert et par renfermer les garnisons impériales dans les villes fortes, dans les ports et dans un canton peu étendu contigu à Carthage. Ils avaient, du reste, apporté, dans les régions cultivées, leurs habitudes du désert, et vivaient sous la tente, autour des grandes villes, au milieu d'immenses troupeaux. Ces tribus barbares étaient, d'ailleurs, de races différentes : celles de l'ouest d'origine gétule; celles du centre juives de nation; celles de l'est se disaient, et comme on le verra, étaient réellement arabes. Les premières adoraient les les idoles; les secondes suivaient le culte Juif épuré, tel que Zorobabel et Esdras l'avaient rapporté de la captivité de Babylone; les troisièmes, enfin, avaient une religion nationale, analogue à l'ancien culte israélite du Veau d'Or, religion qui était celle des Taureaux divins. Quant à la date de l'arrivée de ces peuples en Afrique, les Gétules y étaient autochthones, les Juifs y avaient été transportés par Ptolémée Soter, et, pour les Arabes, ils y avaient été amenés par cette émigration récente dont nous voulons, dans cet article, fixer la nature et la date. Les Romains, qui se préoccupaient peu de ces diversités, confondaient sous une seule qualification ces ennemis de l'Empire : ils les nommaient tous *Barbares*.

Ainsi donc, *Romains*, *Africains*, *Barbares*, telles étaient les trois sortes de peuples qui existaient en Maghreb, quand les cavaliers musulmans envahirent cette contrée. Entendant employer partout ces trois expressions, ces étrangers les adoptèrent tout naturellement, dans leurs rapports avec les habitants eux-mêmes et aussi dans leurs récits de la conquête. Ils leur donnèrent toutefois des formes appropriées au génie de leur langue, celles de *Roum*, *Afarik* et *Berbers*, le nom *Roum* s'appliquant aux agents du Gouvernement romain établi à Constantinople; le mot *Afarik* aux provinciaux civilisés et chrétiens; le mot *Berbers* aux nomades païens qui venaient de dépouiller l'Empire de ses domaines. Ces divers sens sont nettement fixés par plusieurs passages tirés des annales du premier siècle de l'hégire.

III.

Une fois qu'on a rétabli dans sa signification originelle le sens du mot Berbères, tout ce qu'ont dit, sur le peuple qu'ils nommaient ainsi, les premiers conquérants arabes se trouve éclairci tout d'un coup.

Ces conquérants, en effet, n'eurent, d'abord, affaire, en fait de nomades, qu'à ceux qui occupaient les déserts orientaux du Maghreb, et ce fut de ceux-ci qu'ils recueillirent les traditions nationales, qui leur furent racontées en ces termes : « Nous sommes originaires du pays des » Arabes. A une certaine époque nous fûmes chassés de » ce pays et forcés d'émigrer vers l'Ouest. Nous aurions » désiré rester en Egypte ; mais les Egyptiens s'y refusè» rent et nous obligèrent à passer dans le Maghreb. Là » nous eûmes affaire aux Romains ; nous leur fîmes la » guerre. A la fin ils furent vaincus et durent évacuer le » pays pour passer en Sicile, en Italie, à Majorque et en » Espagne. Quant aux Africains, ils ne les suivirent pas » et restèrent. Ils étaient devenus les sujets des Romains » en vertu d'un traité, telle étant leur manière d'agir » envers ceux qui subjuguent leur pays. Par la suite, la » paix fut conclue entre nous et les Romains ; nous leur » permîmes de rentrer dans les villes, à la condition » que nous resterions en possession du pays ouvert. » Nous habitâmes donc ces campagnes, en y continuant » la vie nomade et pastorale sous la tente. »

Ce récit, qui résume l'histoire des *Berbères* pendant 400 ans, est d'une exactitude presque absolue, car on en trouve la confirmation dans les auteurs grecs et latins contemporains des divers faits qui y sont relatés, à l'exception d'un seul que ces auteurs n'avaient pu connaître, mais qui trouve ses preuves ailleurs, je veux parler de l'origine de ces *Berbères* et de leur passage en Afrique.

C'est déjà pourtant une première garantie de l'exactitude de ce fait, que de le voir compris dans un récit dont tous les autres détails sont exacts. En bonne critique, pour avoir le droit de le supposer faux, il faudrait pouvoir lui opposer d'autres faits contradictoires. Or, il n'en est pas ainsi; tout, au contraire, s'accorde à le confirmer, du moins en ce qui concerne la principale Tribu, qui était la souche de presque toutes les autres. Cette tribu, en effet, portait un nom arabe, professait une religion arabe, et, de plus, avait semé sur sa marche des fractions retardataires, dont la position jalonne la route qu'elle a suivie, et dont la ligne non interrompue commence aux confins même de l'Arabie.

IV.

Cette peuplade se nommait les Louata. Sous Justinien, elle était à la tête des tribus nomades, qui combattaient l'Empire et qu'elle conduisit victorieuses jusque sous les murs de Carthage. Un général byzantin, Jean Troglita, la rejeta dans le désert. Cette dernière phase de la lutte a été le sujet de la Johannide, poëme latin, composé par Cresconius Corippus, et ce poëme nous a donné des renseignements détaillés sur les mœurs des nomades, leur façon de combattre et sur la religion des Louata. Les indications qu'il a pu recueillir sur ce dernier point, sont surtout précieuses, en ce sens qu'elles révèlent entre cette religion et l'ancien judaïsme des analogies si frappantes qu'il faut bien lui accorder une origine commune avec le culte du Veau d'Or et avec les autres religions Taréchites qui prirent naissance en même temps que celui-ci. Or, les orientalistes sont d'accord sur l'époque et les conditions dans lesquelles se sont formées ces croyances :

« Quand les tribus descendues de Tharé « nous ap-
» prennent-ils, » quittèrent, au temps d'Abraham, les
» rives de l'Euphrate pour les déserts de Syrie, elles
» étaient idolâtres, peut-être fétichistes ; mais quand
» elles se furent rapprochées de la Phénicie, elles adop-
» tèrent les idées religieuses des Cananéens. Or, ceux-ci
» adoraient, en principe, le Soleil, comme source de la
» chaleur et de la vie universelle, chef des armées cé-
» lestes, formées par les légions des étoiles, et lui ac-
» cordaient, en outre, les attributs d'un Dieu unique,
» infini, éternel, etc., etc., maître souverain du Ciel et
» de la Terre ; mais, en fait, beaucoup de ces peuples
» n'avaient pu élever leur intelligence jusqu'à la con-
» ception de cette immensité, et ceux-là rendaient leur
» culte en particulier à quelqu'un des attributs ou à
» quelqu'une des manifestations physiques de ce
» Dieu-Soleil, dont leur esprit grossier avait fait autant
» de divinités distinctes. » A leur imitation, chaque tribu Taréchite se choisit aussi, dans le Panthéon cananéen un protecteur spécial, tout en reconnaissant, d'ailleurs, la réalité et la puissance des autres Dieux qui protégeaient les peuplades voisines. Pour la masse des Israélites, en effet, telle était la nature de leur dieu Jehovah. A part quelques familles où s'était conservée la notion du Dieu Unique, Universel, révélée par Dieu lui-même à Abraham, le gros du peuple ne voyait dans l'*Eternel* qu'un Dieu de la même essence que le *Moloch* des Ammonites et le *Kamos* des Moabites, plus puissant seulement que ses congénères.

Par la suite des temps, à cause d'une famine, nous apprend la Bible, ces tribus se rapprochèrent de l'Egypte et restèrent plusieurs siècles dans son voisinage. Là, sous l'influence des pratiques religieuses qui régnaient dans la vallée du Nil, elles donnèrent chacune à leurs Dieux, la forme que les Pharaons croyaient être celle d'Ammon-Ra, leur divinité principale, celle d'un jeune Taureau. Les Israélites eux-mêmes attribuèrent cette forme à leur dieu Jehovah. On le vit bien dans le désert, pendant une absence de Moïse, quand la multitude força Aaron à fabriquer un Veau d'Or pour qu'elle l'adorât. On le vit bien encore, plusieurs siècles plus tard, quand, pour écarter les dix tribus du Temple de Salomon, Jéroboam fit élever dans les cités de Dan et de Bethel, ces deux Taureaux d'Or auxquels tout Israël rendit un culte pendant 200 ans, jusqu'à la ruine de Samarie.

On ne peut douter que cette histoire de l'ancien Judaïsme et des autres cultes taréchites, n'ait été aussi l'histoire de la religion des Taureaux divins, qui leur est si semblable et que, comme les autres, elle ne se soit formée jadis au contact de Canaan et modifiée au contact de l'Egypte. Or, comme tous les peuples qui ont pu subir alors ce double contact, ont tous été des Taréchites, il en résulte que les Louata, par cela seul qu'ils suivaient cette religion, descendaient forcément de quelqu'une des tribus taréchites, et plus probablement d'une des peuplades de cette race qui existaient dans les temps relativement modernes, à la naissance de J.-C. Or, à cette époque, l'histoire en cite encore quatre, sans compter les Juifs, savoir les Edomites, les Moabites, les Ammonites et les Amalécites. Cette remarque a son importance, car c'est tout justement à l'une d'elles, à celle des Amalécites, que les Berbères, d'après une de leurs traditions, prétendaient rattacher leur origine, et cette opinion trouve un appui inespéré dans ce fait que les Amalécites habitaient au Sud du pays de Séir, c'est-à-dire dans le voisinage absolu de l'Egypte, et que par conséquent, ils étaient tous aussi bien à portée que les Beni-Israël, dans le pays de Ghessen, de se laisser influencer par les pratiques religieuses du peuple égyptien. Faute de renseignements contradictoires, c'est donc à cette opinion que nous croyons qu'on doit se ranger, parce qu'elle est possible et vraisemblable, et de plus appuyée de traditions nationales recueillies dans des temps où les souvenirs de ces nomades n'avaient pas pu encore s'altérer beaucoup.

Le nom des Louata, d'ailleurs, est de nature à confirmer leur origine arabe, car il appartient lui-même à la langue arabe, étant l'ethnique du nom propre Loua, que leurs filiations généalogiques attribuaient à deux de leurs ancêtres. Ce nom se retrouve aussi plusieurs fois dans l'histoire anté-islamique des Arabes. Il y revêt même une certaine notoriété pour avoir été celui d'un des aïeux du prophète Mahomet.

Une autre preuve que les Louata sont arabes, c'est que, dans leur marche de Syrie à Carthage, ils ont laissé des fractions dans la vallée du Nil, aussi bien que dans la région des Oasis, dans le pays des Catabathmes, dans la Cyrénaïque, dans la Tripolitaine, et dans le pays de Cabès. S'ils eussent été originaires de l'Afrique, ils auraient bien pu, dans leur migration, laisser ces traces vivantes de leur passage dans les derniers pays que je viens de nommer ; mais ils n'en auraient pas laissé en Egypte, puisque ce pays eût été, dans ce cas, en deçà de leur point de départ.

Quant à la date du passage de ces Taréchites en Afrique elle doit se circonscrire entre deux dates assez rapprochées. D'une part, on sait que les Louata existaient en Afrique, du temps de l'empereur Antonin, puisque le géographe Ptolémée les y a signalés sur les confins occidentaux de l'Egypte; d'autre part, les détails que nous ont tour à tour donnés Hérodote, Diodore, Méla, Strabon, Pline et Denys-le-Periégète sur la Libye orientale, nous démontrent que les Taureaux divins n'y recevaient pas de culte de leur temps et que par conséquent, il n'y existait pas encore de tribu Taréchite. Il en résulte donc que ce fut entre le règne de Néron et celui d'Antonin que les Louata pénétrèrent en Afrique.

On pourrait s'étonner, il est vrai, que les Romains, alors à l'apogée de leur puissance, leur aient laissé passer le Nil. Mais cet étonnement cessera si l'on remarque qu'il s'est produit, dans cette période, deux événements, d'ailleurs sans relation commune, dont l'un a eu pour résultat de refouler violemment par l'Isthme de Suez, sur l'Egypte, une grande quantité de tribus nomades, et dont l'autre a dû inspirer aux Romains le désir d'appeler dans les déserts de la Libye orientale, toutes les tribus nomades qui voudraient s'y installer. Le premier de ces événements est la célèbre invasion Azdite, résultat du Sil-el-Arim; le second est l'extermination par les Romains des tribus juives de la Cyrénaïque. Ils eurent lieu, le premier au commencement du règne de Trajan, l'autre à la fin de ce même règne.

Chacun sait que la première ère nationale des Arabes a pour nom le *Sil-el-Arim*. Ces mots signifient l'*Inondation de la digue*. On raconte, en effet, qu'à une certaine époque, le barrage qui retenait dans un lac, toutes les eaux du Mareb, région de l'Arabie Heureuse, se rompit et inonda tout le pays. En prévision de ce désastre, les Azdites habitants du Mareb avaient quitté en masse leur demeure et s'étaient peu après dispersés dans toutes les directions, et surtout vers le Nord. Quoiqu'il en soit des causes réelles de cette migration, il est certain qu'à l'époque du Sil-el-Arim, les tribus kehlanides de l'Yémen se soulevèrent contre les rois Himyarites de Saba, leur enlevèrent la suzeraineté qu'ils avaient gardée jusque-là sur les Arabes du Sud, et se précipitèrent ensuite sur le Nord, en entraînant ceux-ci avec eux. L'invasion ne s'accomplit pas sans combats. Les tribus attaquées résistèrent vigoureusement pendant deux générations. Mais finalement une nombreuse population Azdite s'étant emparée de l'Arabie Pétrée, après en avoir chassé les premiers occupants, y fonda le célèbre royaume nomade des Ghassanides. On devine ce que purent devenir, lors de leur expulsion, les tribus voisines de l'isthme de Suez ; refoulées par les envahisseurs, elles durent évidemment profiter de cette issue naturelle pour échapper à la ruine et chercher un refuge dans la longue bande de déserts qui borde à l'Est le grand fossé du Nil.

La date de cette révolution a été inexactement fixée par les Arabes, qui n'ont pas hésité à faire remonter l'inondation d'Arim jusqu'à l'époque d'Alexandre-le-Grand ; mais des calculs récents, basés sur des synchronismes divers, l'ont ramenée à une époque plus moderne. A 50 années près, pour lesquelles ils diffèrent, nos orientalistes sont d'accord pour placer le Sil-el-Arim à la fin du premier siècle de notre ère. Mes propres recherches lui donnent pour date l'année 35 ou 40 de ce siècle, ce qui fait tomber l'invasion Azdite vers l'année 95 ou 100 après Jésus-Christ, c'est-à-dire au commencement du règne de Trajan.

Peu de temps après, en l'année 113, ce prince déclara la guerre au roi des Parthes, Kosroès ; celui-ci souleva aussitôt contre les Romains tout ce qu'il y avait de Juifs sur les domaines de l'Empire, où ils étaient nombreux surtout en Syrie, en Egypte, en Cyrénaïque et à Cypre, c'est-à-dire dans les pays où les avait transplantés auparavant le roi Ptolémée Soter. Dans la Libye orientale principalement, ils formaient des tribus nomades assez puissantes qui occupaient les déserts de la Cyrénaïque. Tous ces peuples nourrissaient en silence une haine profonde et furieuse contre les Romains. Encore exaspérés par la ruine de Jérusalem, par l'incendie du Temple, par les cruautés épouvantables commises par Vespasien et par Titus, après leur victoire, ils coururent aux armes. Rien qu'en Cyrénaïque, ils massacrèrent, dès le début de leur révolte, plus de 200,000 hommes, en y ajoutant, comme représailles, d'atroces raffinements de supplices. Après plusieurs succès, ils furent, enfin, vaincus par Martius Turbo, l'un des grands généraux de l'Empire. On peut deviner à l'atroce conduite des Juifs pendant leur révolte, l'impitoyable dureté avec laquelle ils furent ensuite traités. Toutes les tribus que les Romains purent atteindre furent sans nul doute exterminées ; il n'en survécut que les fractions qui purent s'enfuir vers l'Ouest, dans les déserts de la Mauritanie. Le vide fut fait dans leurs pays de parcours. Il est donc permis de supposer que pour les empêcher d'y rentrer après la retraite des armées romaines, Turbo put avoir la pensée d'y attirer les tribus taréchites, que l'invasion Azdite avait refoulées et resserrées de l'autre côté du Nil ; les Taréchites y auront porté avec eux leur religion nationale des Taureaux divins.

Ainsi donc tout s'accorde, la tradition nationale, qui fait de ces peuples des Arabes, leur nom qui est arabe, leur religion qui est arabe, les traces de leur marche qui part des confins mêmes de l'Arabie, des circonstances extérieures rendant leur migration vraisemblable. Que faut-il donc de plus pour qu'on ait le droit de considérer comme vrai, un fait, qui n'est pas contemporain ?

Nous croyons donc qu'on peut admettre ce mouvement de population comme authentique, et qu'on doit l'inscrire sans défiance dans la liste des faits historiques de l'époque romaine.

Le Capitaine H. TAUXIER,

Officier d'Académie.

Saint-Lo.— Imp. d'Elie fils.

www.ingramcontent.com/pod-product-compliance
Ingram Content Group UK Ltd.
Pitfield, Milton Keynes, MK11 3LW, UK
UKHW032038260826
14628UKWH00007B/3043

9 782012 939417